AF217271

Dieses Buch ist allen Mahnern und einsamen Rufern gewidmet, denen das Wohlergehen unserer Gesellschaft am Herzen liegt. Jeder kritische Geist ist einsam und gehört zu einer Minderheit. Die Minderheit von heute kann jedoch die Mehrheit von morgen sein.

Dieses Buch ist auch meiner Frau Marlene gewidmet für ihre kritischen und klugen Ratschläge, die mich in meinem Leben begleitet und die mir stets eine gute Ratgeberin ist.

Bonn, im März 2020

Michael Ghanem

„Die Gedanken sind frei"

Eine Straße

ohne Seele

Verlag und Druck: tredition GmbH, Halenreie 40-44, 22359 Hamburg

ISBN

978-3-347-03703-8   (Paperback)
978-3-347-03704-5   (Hardcover)
978-3-347-03705-2   (e-Book)

Über den Autor: **Michael Ghanem**
https://michael-ghanem.de/
https://die-gedanken-sind-frei.org/

Jahrgang 1949, Studium zum Wirtschaftsingenieur, Studium der Volkswirtschaft, Soziologie, Politikwissenschaft, Philosophie und Ethik, arbeitete viele Jahre bei einer internationalen Organisation, davon fünf Jahre weltweit in Wasserprojekten, sowie einer europäischen Organisation und in mehreren internationalen Beratungsunternehmen.

Bonn, im März 2020

Er ist Autor von mehreren Werken, u.a.
„Ich denke oft…. an die Rue du Docteur Gustave Rioblanc – Versunkene Insel der Toleranz"
„Ansätze zu einer Antifragilitäts-Ökonomie"
„2005-2018 Deutschlands verlorene 13 Jahre Teil 1: Angela Merkel – Eine Zwischenbilanz"
„2005-2018 Deutschlands verlorene 13 Jahre Teil 2: Politisches System – Quo vadis?"
„2005-2018 Deutschlands verlorene 13 Jahre Teil 3: Gesellschaft - Bilanz und Ausblick
„2005-2018 Deutschlands verlorene 13 Jahre Teil 4: Deutsche Wirtschaft- Quo vadis?"
„2005-2018 Deutschlands verlorene 13 Jahre Teil 5: Innere Sicherheit- Quo vadis?"
„2005-2018 Deutschlands verlorene 13 Jahre Teil 6: Justiz- Quo vadis?"

„2005-2018 Deutschlands verlorene 13 Jahre Teil 7: Gesundheit- Quo vadis? Band A, B und C"

„2005-2018 Deutschlands verlorene 13 Jahre Teil 8: Armut, Alter, Pflege - Quo vadis?"

„2005-2018 Deutschlands verlorene 13 Jahre Teil 9: Bauen und Vermieten in Deutschland - Nein danke"

„2005-2018 Deutschlands verlorene 13 Jahre Teil 10: Bildung in Deutschland"

„2005-2018 Deutschlands verlorene 13 Jahre Teil 11: Der Niedergang der Medien"

„2005-2018 Deutschlands verlorene 13 Jahre Teil 12: Literatur – Quo vadis - Teil A"

„2005-2018 Deutschlands verlorene 13 Jahre Teil 13: Entwicklungspolitik – Quo vadis - Teil A"

„Eine Chance für die Demokratie"

„Deutsche Identität – Quo vadis?

„Sprüche und Weisheiten"

„Nichtwähler sind auch Wähler"

„AKK – Nein Danke!"

„Afrika zwischen Fluch und Segen Teil 1: Wasser"

„Deutschlands Titanic – Die Berliner Republik"

„Ein kleiner Fürst und eine kleine blaue Sirene"

„21 Tage in einer Klinik voller Narren"

„Im Würgegriff von Bevölkerungsbombe, Armut, Ernährung Teil 1"

„Im Würgegriff von Rassismus, Antisemitismus, Islamophobie, Rechtsradikalismus, Faschismus, Teil 1"

„Im Würgegriff der politischen Parteien, Teil 1"

„Die Macht des Wortes"

"Im Würgegriff des Finanzsektors, Teil 1"

"Im Würgegriff von Migration und Integration"

„Weltmacht Wasser, Teil 1"

„Herr vergib ihnen nicht! Denn sie wissen was sie tun!"

„Verfallssymptome Deutschlands – Müssen wir uns das gefallen lassen?"

„Deutsche Identität und Heimat – Quo vadis?"

„I know we can. Eine Chance für Deutschland"

„Im Würgegriff der Staatsverschuldung, Teil 1 und Teil2"

„50 Jahre in Deutschland: Ein Irrtum? Ein Schicksal"

Inhaltsverzeichnis

1. Vorwort

Der Autor hat es sich mit der Beschreibung dieser prototypischen Straße nicht einfach gemacht. Umso glücklicher war er als sein Bekannter Felix ihm angeboten hat, die Straße, in der er seit vielen Jahren als in Deutschland eingebürgerter Südeuropäer lebt, aus seiner Sicht zu beschreiben.

Diese Straße steht sinnbildlich für den Zustand unserer Gesellschaft. Gelegen in einer gutbürgerlichen Wohngegend mit durchweg wohlhabenden Einwohnern zeigt dieser Mikrokosmos doch die Symptome einer Gesellschaft, die eine gefährliche Entwicklung nimmt.

Der Autor versichert, dass die Beschreibungen in diesem Buch frei erfunden sind. Jegliche Ähnlichkeiten mit der Realität sind rein zufällig und nicht beabsichtigt.

2. Deutschland: Die geschlossene Gesellschaft

2.1 Vorbemerkung

Felix lebt nun seit mehr als 50 Jahren in Deutschland und setzt sich gerade auch weil er deutscher Staatsbürger ist intensiv mit der gesellschaftlichen Realität auseinander. Er hat nicht nur seinen Aufenthalt in Deutschland analysiert, sondern sich auch mit anderen Einwanderern über ihre Erlebnisse ausgetauscht. Allen gemeinsam ist die Erfahrung, dass die Vorurteile in der Realität immer noch bestehen.

2.2 Fremde nur geduldet?

In den 50 Jahren in Deutschland wurde Felix sehr oft mit dem Vorwurf konfrontiert: „Sie sind ja hier nur ein Fremder und ein Gast und entsprechend müssen Sie sich verhalten". Dieser Vorwurf wurde auch nicht eingestellt, nachdem Felix die deutsche Staatsbürgerschaft erlangt hatte, im Gegenteil haben sich die Vorurteile verstärkt. Aussprüche wie "Er hat lediglich den deutschen Pass angenommen, um ein einfaches Leben zu haben" wurden häufiger und die Vorurteile haben sich verstärkt und das Misstrauen gegenüber Felix hat erheblich zugenommen. Dieses Misstrauen fand er nicht nur im beruflichen und sozialen Umfeld, sondern sogar in der Familie. Dies machte Felix sehr traurig denn er fühlte sich immer noch als gerade geduldet. In manchen Nächten überlegte sich Felix, ob er nicht ohne Theater einfach von der Bildfläche verschwinden sollte.

2.3 Am deutschen Wesen soll die Welt genesen: eine Realität?

Während dieser 50 Jahre war Felix immer damit konfrontiert, dass er in allen Bereichen der Gesellschaft an dem angeblichen deutschen Vorbild gemessen worden ist, ohne den anderen Völkern zuzubilligen, dass sie möglicherweise andere Wertmaßstäbe haben. Und insoweit hätten sich die anderen

Völker am deutschen Beispiel zu orientieren. Kein einziger Kanzler hat dies in den 50 Jahren so verkörpert wie Angela Merkel. Sie zwang die anderen Völker Europas zu einem sinnlosen Sparen, womit sie ihre Exportüberschüsse gewaltig gegenüber den anderen Ländern erhöht hat. In manchen anderen Ländern spricht man schon von der deutschen Hegemonie, die die angeblich alternativlose Lösung des Sparens bei allen Staatsaktivitäten als oberstes Ziel predigt, um ja keine Schulden zu machen. Betrachtet man jedoch den Zustand Deutschlands insbesondere in den letzten 15 Jahren, so könnte man es als eine Bruchbude bezeichnen, die zwar wenig Schulden hat, aber einen Investitionsstau, der mindestens 20 Jahre braucht, um abgearbeitet zu werden. Felix war äußerst unglücklich darüber, dass sich abermals die Vorurteile über Deutschland und die Deutschen bestätigt haben.

2.4 Wer mag die deutsche Gesellschaft - außer sie sich selbst?

Bevor Felix nach Deutschland ging, wurde er seinen Freunden, die Deutschland bereits kannten, darauf hingewiesen, dass die Deutschen keinen einzigen Fremden mögen, außer wenn sie von ihm profitieren könnten. Und vor allem mögen sie nur sich selbst und auch das sei keine Selbstverständlichkeit. Obwohl er während der 50 Jahre stets zu den Leuten freundlich und korrekt war, hat er nie gemerkt, dass er willkommen oder zu mindestens geschätzt wird. Das höchste der Gefühle war, dass man ihm zwar immer wieder zuhörte, aber mit „naja er ist passabel" bewertete. Diese Urteile haben Felix in seiner Haltung kaum beeinflusst, denn er wusste: dieses Volk mag nur sich selber.

2.5 Was hat die Gesellschaft aus der Geschichte gelernt: nichts!

Bei seiner Ankunft hatte Felix noch die Illusion, dass die Deutschen nach den Erlebnissen des Dritten Reiches immun wären gegen jegliche Art von Rassismus und Nazitum. Betrachtet man jedoch die 50 Jahre und vor allem die Zeit nach der Wiedervereinigung, so muss festgestellt werden, dass für die Nicht-Deutschen der Eindruck entsteht, dass offener Rassismus und Nazitum an der Tagesordnung sind. Bezüglich der Kultur der öffentlichen Medien musste Felix feststellen, dass die gesamte Politik auf die Verdummung des Volkes ausgerichtet ist.

Nicht nur dass eine Kolonialisierung der Kultur in Deutschland vorhanden ist und der deutschen Gesellschaft Pseudo-Vorbilder vorgestellt werden, die letztendlich nur aus Hollywood kommen. Kaum ein Schriftsteller, Philosoph, Soziologe, Historiker, Ökonom, Ethiker hat Präsenz in den öffentlichen Medien. Das politische System lässt es sogar zu, dass Nachkommen von alten Nazigrößen wieder salonfähig werden. Von Storch, Gauland, Höcke und andere alte und neue Nazis werden teilweise von Medien und öffentlichem Fernsehen zumindest hofiert.

Die Quasi Monopol Stellung der politischen Parteien wie CDU/CSU, SPD, FDP und Grünen befördert eine zunehmenden Ablehnung des politischen Systems, in dem von Demokratie gesprochen und de facto eine quasi Diktatur gelebt wird, denn Kanzler, die viermal hintereinander gewählt werden, stellen nicht gerade ein Zeugnis einer reifen Demokratie dar. Die Zunahme von Rassismus, Antisemitismus und Islamophobie wird dadurch gefördert. Dies macht Felix sehr viel Sorgen, denn der tagtägliche Rassismus und die Ablehnung von Ausländern und die Zunahme von gefühlten Ängsten vor Fremden feuern die Rechtsextremen an, die mit Morddrohungen und Erpressung versuchen, mutige Menschen und Politiker mundtot zu machen.

Nach 50 Jahren Aufenthalt ist Felix zum Schluss gekommen, dass die deutsche Bevölkerung ein sehr kurzes Gedächtnis hat und *dass jederzeit die Möglichkeit besteht, dass ein zweiter Diktator an die Macht kommen könnte. Dies ist für Felix die Lehre, dass die Deutschen ihre bittere Lektion nicht gelernt haben.*

2.6 Diktatur der Dummen und Gutmenschen!

Betrachtet man die Medien, den propagierten Mainstream des Denkens, so kommt man nicht umhin zu fragen, ob in Deutschland eine Diktatur der Dummen und der Gutmenschen herrscht. Schon Stresemann hat dies in seinem berühmten Wort „Herr gib der deutschen Bevölkerung ihren täglichen Anteil an Illusionen" zum Ausdruck gebracht. Analog sind für den größten Teil der deutschen Bevölkerung das Auto vorm Haus, die Reise nach Mallorca die wesentlichen Dinge im Leben. Das Niveau der Medien und vor allem der öffentlichen Medien nimmt nach Meinung von Medienwissenschaftlern ständig ab, sodass man regelrecht die Botschaft empfängt „Ihr braucht nicht zu denken, Mutti Merkel wird das schon lösen".

Kritisches Denken ist verpönt, denn es würde die Bevölkerung zwingen, über die realen Probleme nachzudenken. Als ob Probleme wie Hunger, Wassermangel, Flucht, Bürgerkrieg so weit weg sind, dass die Insel Deutschland nicht davon betroffen wäre. In Europa ist sind ja die Deutschen „die besten und sie bezahlen am meisten". Dies ist das Gegenteil dessen, was die Realität darstellt. Die Nettozahlung jedes Deutschen für die EU beläuft sich pro Tag auf 0,48 €. Dies hat Felix durch mehrere Recherchen erfahren. Demgegenüber entsteht für jeden Deutschen ein Exportüberschuss zwischen 1.500 € und 2.000 € im Jahr. Diese Exportüberschüsse sind nicht der Ausdruck für die Überlegenheit der deutschen Produkte, sondern vielmehr dafür, dass Deutschland seit über 20 Jahren kaum investiert und bei staatlichen Aufgaben an jeder Ecke spart. Dadurch können die anderen Länder nicht in Deutschland ihre Produkte absetzen. Selbstverständlich wird dieses durch die Staatschefs der anderen europäische Länder Angela Merkel fast wöchentlich mitgeteilt - ohne Erfolg. Die brutale Art von Ronald Trump hat zwar die deutsche Bevölkerung erschreckt, aber sie glauben weiterhin, dass der Exportüberschuss zum Geschäftsmodell Deutschlands geworden ist. Das Prinzip der CDU/CSU, dass man stets zulasten Dritter leben kann, wird ein abruptes Ende finden, das Deutschland möglicherweise in eine tiefgreifende Krise stürzen wird.

Das Prinzip „Was geht mich das Wohl meines Nachbarn an" hat laut Überzeugung von Felix in Europa und weltweit zu einem erheblichen Frust gegenüber der deutschen Bevölkerung geführt. Dennoch werden in der deutschen Bevölkerung sogenannte Erfolgsgeschichten von Menschen gepredigt, die sich auf mehr oder weniger unerklärliche Weise bereichert haben und sie werden als Vorbilder gezeigt, wie man sozialen Aufstieg erlangen kann. Die sogenannten Gutmenschen, die sich unter dem Mantel des Mainstream Denkens und der Pseudo Moral verstecken, sind von Grund auf falsch und widern Felix an. Insoweit hat Felix die Überzeugung gewonnen, dass die Intelligenz und das Kritische Denken sich in Deutschland in einem Winterschlaf befinden und letztendlich die Macht den Dummen und Gutmenschen überlassen haben.

2.7 Neuralgischer Punkt: Die deutsche Identität

Während dieser 50 Jahre hat Felix stets ein Problem beschäftigt: was ist die deutsche Identität? Da er ja die deutsche Staatsangehörigkeit angenommen hat, wollte er wissen, was es heißt Deutsch zu sein. Ihm wurde erklärt, dass die deutsche Identität in Pünktlichkeit, Sauberkeit, Zuverlässigkeit, Genauigkeit besteht. Diese Eigenschaften sind jedoch nach Meinung von Felix Eigenschaften, die weltweit anzutreffen sind. Und nicht nur einem bestimmten einzigen Volk als alleiniges Merkmal zugeordnet werden können. Felix hat während seines gesamten Aufenthalts stets versucht zu verstehen: Was macht die deutsche Identität aus? Seine Erfahrung war, dass selbst die politischen und gesellschaftlichen Eliten sehr nervös und unsicher waren, wenn die Diskussion auf die deutsche Identität im Ausland kam. Wenn Felix an Frankreich dachte, dachte er an Liberté, Egalité, Fraternité; aber was macht Deutschland aus? Kaum jemand hat sich während der gesamten Zeit an die Zeiten des Hambacher Fests zurückbesonnen und auf das Motto „Die Gedanken sind frei". Daher sah sich Felix gezwungen, für sich selbst gewisse Kriterien der deutschen Identität festzumachen.

2.8 Und doch eine geschlossene Gesellschaft!

Wenn Felix die letzten 50 Jahre Revue passieren ließ und mit den Warnungen und Vorurteilen, die man ihm von zu Hause mitgegeben hatte, verglich, so musste er schwersten Herzens festhalten, dass ein Fremder machen kann was er will: in Deutschland wird er niemals akzeptiert und als einer der ihren angesehen. Diese bittere Erkenntnis hat sich vor allem in den Jahren seit 2005 mit dem Aufstieg von Angela Merkel und der sogenannten Merkel Generation verstärkt.

Noch nie hat Felix sich so einsam und so fremd gefühlt wie in den letzten Jahren der Angela Merkel Regentschaft. Noch nie hat er die Bedrohung von Fremden so sehr empfunden wie seit der Wieder-vereinigung und vor allem seit dem Aufstieg der sogenannten Pegida und der rechten politischen Bewegungen. Zudem hat sich in den letzten 50 Jahren der Trend gezeigt, dass die deutsche Gesellschaft sich zu einer geschlossenen Gesellschaft entwickelt hat. Die angeblich gestiegene Toleranz dient lediglich zum Eigenlob und der Verschönerung der Situation in Deutschland. Seit 2015 hat Felix häufig schlaflose Nächte. Die Situation lässt ihn nur noch sehr pessimistisch in die Zukunft sehen und nimmt ihm jegliche Freude am Leben.

2.9 Und sie fangen schon wieder an!

Wenn Felix ganz nüchtern auf seinen Verstand hören würde, so würde er sehr schnell feststellen, dass die Erinnerung an den Krieg und die Diktatoren maximal anderthalb Generation gehalten hat. Das neue Bewusstsein der deutschen Gesellschaft lässt sich wie folgt darstellen: wir sind wer, wir sind mächtig und in Europa geht Garnichts ohne uns. Wir bezahlen ganz Europa, daher hat Europa gefälligst sich nach unseren Wünschen zu richten. Kein anderer Kanzler hat wie Angela Merkel unter dem Mantel der Unscheinbarkeit die deutschen Interessen zu Lasten aller Nachbarn Deutschlands durchgesetzt. Hilfreich war die Schwäche ihrer Kontrahenten sei es in Frankreich, in Großbritannien, Italien oder Spanien. Viele europäische Völker jedoch läuten die Glocken mit dem Hinweis: Und sie fangen schon wieder an.

2.10 Eine Gesellschaft von Opportunisten?

Felix musste sich wundern, wenn er hörte, dass Zivilcourage eine Eigenschaft der deutschen Gesellschaft wäre. Erstaunlicherweise hat es sogar ein namhafter chinesischer Künstler und ehemaliger politischer Häftling, nach ein paar Jahren Aufenthalt in Deutschland es nicht mehr ausgehalten und sich in England niedergelassen, mit der Begründung, dass Deutschland ein Land von Opportunisten wäre. Wenn Felix seinen 50 Jahre währenden Aufenthalt noch mal Revue passieren ließ, so musste er feststellen, dass wirklich die deutsche Gesellschaft, die deutsche Politik und ein großer Teil der Politiker sich stets opportunistisch verhalten. Insbesondere Angela Merkel, die CDU/CSU, die FDP, und manche Grünen haben in den letzten Jahren ihre gesamten Grundsätze über Bord geworfen, um kurzfristige Erfolge zu erhalten.

Kein Mensch in Deutschland verkörpert so wie Angela Merkel diesen Opportunismus, denn sie steht für nichts und niemanden. Das gleiche gilt für einen großen Teil ihrer Generation, ob diese als Eliten oder als Durchschnittsbürger und Gutmenschen anzusehen sind. Selbst die öffentlichen Medien, die angeblich die vierte Macht im Staat sind, verhielten sich seit 2015 als ausgesprochen opportunistisch. Sie haben keiner der sogenannten heißen Themen aufgegriffen, sie haben sich eine mittelmäßige Politikerin als alternativ-lose Kanzlerin aufgebaut. Sie haben nicht einmal versucht, eine Überprüfung ihres Werdegangs zu publizieren in der Angst, dass die CDU-Ministerpräsidenten die Eliten dieser Medien abservieren. So ähnlich verhielten sich aber auch Teile der Familie von Felix Frau. Dies blieb nicht unbemerkt von Felix, was in ihm sehr viel Bitterkeit hervorrief. Nach 50 Jahren und aus seiner subjektiven Sicht kann Felix behaupten, dass die deutsche Gesellschaft äußerst opportunistisch ist, selbst dann, wenn sie sich ethisch korrekt verhält, erwartet sie, dass man sie noch lobt.

2.11 Eine Gesellschaft von Untertanen?

Das Buch von Heinrich Mann „Der Untertan" spiegelt eine Gesellschaft Anfang des 20. Jahrhunderts wider und einen Typus von Menschen, der gegen alle Regeln des Deutschlands von 1848 verstieß. Von diesem Typus von Menschen hat man jedoch nach dem zweiten Weltkrieg geglaubt, dass er ausgestorben wäre. Leider haben die fünfziger, sechziger, siebziger Jahre und vor allem die letzten fünfzehn Jahre diesen Typus von Menschen wieder auf die öffentliche Bühne gebracht. Mit dem Motto „Wer treten will, muss sich treten lassen" hat sich großer Teil der sogenannten Merkel-Generation da-durch ausgezeichnet, sich zwar gegenüber Vorgesetzten und der Führung korrekt zu verhalten, aber die Untertanen d. h. die Unterstellten werden getreten und physisch und psychologisch fertig gemacht.

Zudem wurde das Prinzip des Mobbings als prinzipielle Waffe gegen Mitbewerber eingesetzt, damit jeder, wirklich jeder seine Karriere machen kann. Was schert mich das Wohl meines Nachbarn, meines Kollegen, wenn sie ein Hindernis in meine Karriere sind. Diese Beschreibungen treffen auf einen Teil der heutigen Gesellschaft in Deutschland zu. Für Felix war und ist diese Erkenntnis über den Zustand dieser Gesellschaft eine weitere bittere Erkenntnis über Deutschland.

2.12 Deutschland der Dichter und Denker: Quo vadis?

Felix hat die Begründung der Annahme der deutschen Staatsbürgerschaft stets mit Deutschland von 1848 und mit dem Deutschland der Dichter und Denker verbunden. Leider hat sich seit Hitlers Aufstieg, dem zweiten Weltkrieg, der Nachkriegszeit und vor allem nach der Wiedervereinigung und seit 2005 mit dem Aufstieg von Angela Merkel das gesamte Land verändert, insoweit als Oberflächlichkeit mit mehr Verpackung als Inhalt, Volksverdummung durch die Medien und vor allem die Unterdrückung von kritischem Diskurs dazu geführt, dass der größte Teil der Bevölkerung nur noch an der Flachheit der Programme in den öffentlichen Medien interessiert ist und am Konsum. Letztendlich zeigen sich Parallelen zum alten Rom bei seinem Niedergang. Insoweit ist zumindest zu diesem Zeitpunkt d. h. in 2019 nicht zu erkennen, dass Deutschland ein Land der Dichter und Denker ist.

2.13 Kann man dieser Gesellschaft und den Deutschen vertrauen?

Auf die Frage, ob man den Deutschen noch vertrauen kann, will Felix keine Antwort geben, denn sie würde für ihn äußerst schmerzhaft sein. Nach gründlicher Überlegung ist Felix aber zu der Überzeugung gekommen, dass man dieser Gesellschaft insoweit doch vertrauen kann, als noch einige namhafte Mahner und Kritiker vorhanden sind.

3. Eine Straße ohne Seele

3.1 Vorbemerkung

Felix hat sich entschlossen seine heutige Wohnstraße zu beschreiben, um den Vergleich mit der Straße seiner Kindheit zu ziehen. Die beiden Straßen haben etwas gemeinsam: sie befinden sich in einem privilegierten Ortsteil der jeweiligen Stadt. Die Beschreibung der Straße spiegelt den seelischen Zustands Felix wider. Sie spiegelt vor allem den tagtäglichen Kampf um die Daseinsberechtigung von vielen Menschen wider. Die Vorurteile, dass Straßen in Nordeuropa sauber und steril, jedoch ohne menschliche Regung seien, stimmen für diese Straße.

3.2 Der Wohnort

Die Stadt in der sich diese Straße befindet, ist eine alte römische Stadt mit mehr als 2000 Jahren Geschichte. Sie ist eine mittelgroße Stadt mit ca. 500.000 Einwohnern. Sie befindet sich am Rhein und genießt den Ruf eine ruhige Stadt zu sein.

Das Wohnviertel selbst hat ca. 100.000 Einwohner, ein modernes Kino aus den neunziger Jahren war am Marktplatz, das Wohnviertel hat zwei Kranken-häuser und mehrere Ärzte aller Fachrichtungen, es hat eine kleine Einkaufsmeile und es gibt viele Restaurants. Das Viertel teilt sich selbst in mehrere Unterviertel.

Es gibt mehrere Grundschulen und Gymnasien. Der Wohnort besitzt auch einen wunderschönen Park. Er hat schöne alte Denkmale und einen äußerst berühmten alten Friedhof. Er hat mehrere Kirchen, eine Synagoge, und zwei Moscheen. Mehrere Supermärkte sind vorhanden. Sehr viele Handwerker haben sich um das Wohnviertel angesiedelt. Das gesamte Wohnviertel besitzt eine erstklassige Infrastruktur. Es hat auch einen intakten öffentlichen Verkehr mit Bussen, Straßenbahnen oder Zügen. Es gibt mehrere Cafés und Kneipen. Und es gibt wunderschöne

Spazierwege am Rhein entlang, die mehr als 10 km lang sind und wo man bequem gehen kann.

Eigentlich war dieses kleine Wohnviertel für ihn selbst ein kleines Paradies, wenn es nicht von verschiedenen Gefahren bedroht wäre, und zwar dem extremen politischen Islamismus, der von Saudi-Arabien befeuert und gesteuert wird und einer Auslegung des Islamismus marokkanischer und türkischer Art, die sehr ähnlich sind wie der saudi-arabische Islamismus. In letzter Zeit wurden aber auch in diesem kleinen Paradies Risse bzw. eine Spaltung der Gesellschaft sichtbar und damit verbunden der Aufstieg von rechtsradikalen Bewegungen.

Das Viertel ist ein privilegiertes Wohnviertel und hat schöne alte Villen, die in den letzten Jahren von vielen Neureichen, cleveren Rechtsanwälten, Gutmenschen und zu einem kleinen Teil von sehr kultivierten Menschen erobert wurden.

Das Wohnviertel ist sehr gut gelegen, sodass man binnen 5 Minuten am Rhein sein und ausgedehnte Spaziergänge machen kann. Es ist aber auch 10 Minuten vom Zentrum und 10 Minuten vom Bahnhof entfernt, der relativ unauffällig ist. In diesem Viertel wohnt Felix seit über 40 Jahren.

3.3 Die Straße ohne Seele

Die Straße ist ca. 300 m lang und in endet in einer Allee. Die Straße ist breit und hell, was eine Seltenheit ist in diesem sogenannten Villenviertel. Denn die Bäume waren nicht hochgewachsen und vor allem war die Straße an sich sehr breit. Die Straße hat ca. zehn Häuser entweder aus der Belle Époque oder aus den dreißiger Jahren.

Der Rest der Häuser ist relativ neu d. h. in der Nachkriegszeit gebaut. Zwei Häuser sind sogar in den achtziger Jahren gebaut worden. Die Straße ist sehr ruhig und hat wenig Verkehr, jedoch muss man bemerken, dass kaum Kinder auf der Straße spielen.

Die Straße selbst befindet sich ca. 5 Minuten zu Fuß zum Rhein und 10 Minuten zum Bahnhof bzw. zum Zentrum des Wohnortes.

Felix hatte in dieser Straße mehrere Häuser gekauft, die allemal entweder aus der Belle Époque waren oder in den dreißiger Jahren gebaut. Er hat sie mit sehr viel Aufwendungen renoviert und auf den neusten Stand gebracht.

3.4 Die Einwohner der Straße

Nach Felix Bericht und seinem Wissen nach leben folgende Einwohner in der Straße:

Am Anfang der Straße ist ein großes Haus mit großem Garten, welches teilweise als Arztpraxis dient, teilweise privat vermietet und wo der Besitzer selbst darin wohnt; dieses Haus fällt ins Auge, weil alte Autos auf dem Dach einer angebauten Garage oder im Garten stehen.

Dann folgt ein Mehrfamilienhaus mit Garagen; deren Mieter sind kaum bekannt in der Straße, man weiß nicht wer sie sind, wie sie aussehen, keiner von denen hat jemals einen guten Tag gesagt oder sich vorgestellt.

Gegenüber steht ein Einfamilienhaus aus den Dreißigerjahren, das in den letzten zehn Jahren wegen Scheidung der Ehepaare mindestens fünfmal verkauft worden ist. Es folgt ein Doppelhaus, die Hälfte davon wurde eine Zeit lang von katholischen Schwestern bewohnt und später an eine Familie verkauft, die das ganze Haus renoviert hat. Auch diese Familie vermeidet tunlichst irgendeinen Kontakt mit ihren Nachbarn.

Der zweite Teil des Doppelhauses war das Wohnhaus eines kleinen Unternehmers, der vor Jahren gestorben ist und es wurde verkauft an eine Familie, die eine gründliche Renovierung vorgenommen. Diese Familie hat auch Kinder, sie vermeidet jedoch jeglichen Kontakt zu ihren Nachbarn.

Demgegenüber steht ein Doppelhaus, dessen eine Hälfte durch einen hochrangigen Berater der Bundesregierung bewohnt ist. Zu ihm und seiner reizenden Frau hatten Felix und seine Frau einen leichten Kontakt. Der zweite Teil des Hauses wird bewohnt von einem pensionierten hohen Beamtem mit seiner Frau, die sehr wenig Kontakt mit ihren Nachbarn haben. Der Nachbarn des Beamten ist ein sehr liebenswürdiger pensionierter Rechtsanwalt mit seiner Frau, zu dem Felix eine relativ gute Beziehung hat.

Demgegenüber ist die Hälfte eines Doppelhauses, die früher einem jungen und kranken Einzelgänger gehörte, nach seinem Tod hat seine Witwe sich mit einem dubiosen Menschen eingelassen. Die zweite Hälfte des Hauses gehörte einem Militärarzt, dessen Witwe mehrere Häuser hatte und zu der Felix intensiveren Kontakt pflegte. Die alte Frau wurde über 96 Jahre alt und war in den letzten Jahren ihres Lebens dement, was in abscheulicher Weise von ihren Nachbarn ausgenutzt wurde. Schlimmer jedoch war das Verhalten ihrer Tochter, die immerhin das Haus erbte und die letztendlich ihre Mutter in keiner Weise gepflegt geschweige ihr geholfen hat. Dieses Haus wurde nach dem Tod der Mutter an ein junges Paar verkauft, das eine sehr intensive Sanierung vorgenommen hat.

Als Nachbar folgt ein pensionierter Hausmeister, der das Mehrfamilienhaus von seinem Arbeitgeber zu einem symbolischen Preis unter dubiosen Umständen erworben hatte. Er ist verheiratet mit einer äußerst herrischen Frau, die sich dadurch gekennzeichnet, dass sie ihm befiehlt und steuert. Zudem sind sie die Prototypen von Gutmenschen, des Pharisäertums, des Rassismus und der Verlogenheit. Übrigens wurde dieses Haus von einer Nazi-Größe für seine Geliebte gebaut.

Demgegenüber ist ein kleines Einfamilienhaus, das einem sehr netten aber inzwischen verstorbenen hohen Beamten gehörte. Seine Witwe jedoch ist äußert bigott und ein personifizierter Gutmensch.

Als Nachbarn haben sie eine Ärztin und einen höheren Beamten, die vor 30 Jahren durch allerlei illegale Machenschaften ein neues Haus gebaut haben, das mehrmals mit Baustopps belegt wurde. Diese Ärztin hat sich als eine verkappte Nazianhängerin entpuppt, die stets versucht hat Felix in Misskredit zu bringen.

Demgegenüber ist ein Doppelhaus, dessen Besitzer ein kleiner Rechtsvertreter aus Frankfurt ist und der meinte der Herrgott der Straße zu sein, weil er Jurist ist und die Gesetze so gut kennt. Auch dieses Haus wurde renoviert. Er war verheiratet mit einer Ostdeutschen, die in seinem Haus wohnte und sie personifizierte alle negativen Vorurteile über Religionslehrerinnen.

Deren Nachbarn hatten in den achtziger Jahren ein neues Haus gebaut, in diesem Haus wohnen einige der wenigen Ausnahmen der gesamten Straße, mit denen Felix sehr gut auskam.

Demgegenüber stand ein Haus, dessen Eigentümerin sehr vernünftig war, das dann aber durch Erbschaft an neue Eigentümer ging, die eher einer sozialen Unterschicht angehören.

Das Nachbarhaus dazu war ein Mehrfamilienhaus der Belle Époque, in denen die geistigen Väter des Grundgesetzes gewohnt haben. Zurzeit wird das Haus bewohnt von einem Universitätsrektor, zu dem Felix gute Beziehung hat.

Im anderen Teil der Straße, die durch eine Querstraße unterbrochen wird, gibt es folgende Häuser:

An erster Stelle ein Einfamilienhaus mit Garten, das höchstwahrscheinlich Anfang der sechziger Jahre gebaut worden ist und total erneuert wurde, bewohnt von einer sehr sympathischen netten Familie, zu der Felix und seine Frau eine gute Beziehung haben. Die Familie hat zwei Kinder und sie sind bemüht ihnen die beste Erziehung zu geben.

Als Nachbarn haben sie ebenfalls ein Einfamilienhaus, das einem Beamten verheiratet mit einer Lehrerin gehört, die fünf Kinder haben und zu denen Felix und seine Frau das beste Verhältnis in der Straße pflegen. Die Erziehung der Kinder ist tadellos und die Bildung der Familie gehört mit zu den besten in der Straße.

Als Nachbarn haben sie eine Ärztin für Psychologie, die sehr unbeliebt in der Straße ist, da sie sehr arrogant und besserwisserisch ist. Ihr Mann ist beschäftigt in Berlin und kommt gelegentlich nach Hause. Zu ihr hat Felix ein äußerst schlechtes Verhältnis.

Zum Nachbarn hat sie ein Einfamilienhaus, das einem alten, verkappten Nazi gehörte, der unerträglich für die Einwohner der Straße war und sich als Tyrann aufführte. Als er starb war seine Frau wie befreit und ist sehr sympathisch geworden. Dann folgt wieder ein Einfamilienhaus, gebaut Anfang der Fünfzigerjahre. Hier wohnen ältere Leute, die man nie in der Öffentlichkeit sieht.

Daneben wieder ein Einfamilienhaus, dessen Besitzer das Haus verkauft haben. Die neuen Besitzer sind zwei Managertypen mit kleinen Kindern, die an Arroganz nicht zu überbieten sind.

Dann folgt ein Doppelhaus in dem ein sehr bekannter Journalist seine Pension genießt. Er war sehr tolerant und sehr nett.

Als Nachbarn des Journalisten folgt ein Wohnblock, dessen Ursprung ein Studentenheim war und das in Eigentumswohnungen umgebaut worden ist. Diese sind vermietet worden und es herrscht Anonymität.

Demgegenüber ist ein Haus des 19. Jahrhunderts, das ursprünglich einer reichen jüdischen Familie gehörte, die enteignet worden war; der neue Besitzer führt seit Jahren rechtliche Auseinandersetzungen mit der jüdischen Familie.

Daneben steht ein Wohnblock mit Einzimmerwohnungen, der Anfang der siebziger gebaut wurde und absolut nicht, weder mit seiner Architektur noch von seiner Konzeption, in die Straße passt und an Personen vermietet ist, die nur während der Woche in dieser Stadt arbeiten.

Daneben ein Einfamilienhaus, das in den dreißiger Jahren gebaut und später gründlich saniert wurde und im Besitz einer Familie ist, die man kaum jemals in der Straße gesehen hat.

Und dann wieder ein Wohnblock, der absolut nicht zu der Straße passt und anscheinend in den Fünfzigern auf einem bombardierten Grundstück gebaut worden ist und dessen Bewohner auch in der Anonymität leben. Felix hat noch nie einen dieser Bewohner in den 40 Jahren zu Gesicht bekommen.

Deren Nachbar ist ein Einfamilienhaus ebenfalls aus den Dreißigern und später renoviert, die darin wohnende Familie mit einem Kind sieht man nur gelegentlich auf der Straße. Das Nachbarhaus ist ein großes Einfamilienhaus, welches an eine ausländische Familie aus Osteuropa verkauft wurde, die sehr nett sind und viele Kinder haben. Der Mann strahlt eine gewisse Kultur aus und ist zugänglich zu der Nachbarschaft von Felix. Die Ehefrau ist eher launisch, an einem Tag freundlich, an anderen Tagen sehr zurückhaltend.

Ein Nachbar von Felix hat ein kleines Einfamilienhaus aus den Dreißiger-jahren, das früher einem Bundeswehrarzt gehörte und nach dessen Tod und dem Tod seiner Frau verkauft worden ist an einen Pseudoelitären, der nicht anderes ist als ein Emporkömmling, der mit Spekulation auf Häuser ein kleines Vermögen gemacht hat. Er hat das Haus seit dem Kauf fünf Jahre lang nicht bewohnt und lässt es mehr oder weniger als Baustelle verkommen, zum Ärger von Felix und den anderen Straßenbewohnern. Dessen Nachbar ist ein Mehrfamilienhaus, das teilweise vermietet, teilweise im Eigentum bewohnt wird. Früher waren die Bewohner sehr kommunikationsfreudig, die heutige Bewohner möchten keine Kommunikation mit ihren Nachbarn.

Und dies ist die grobe Beschreibung von der Straße ohne Seele.

3.5 Kaum Kommunikation

Zwischen den Einwohnern der Straße findet kaum eine reale Kommunikation statt, denn jeder lebt für sich, außer dem „Guten Tag" gibt es keine längeren Gespräche. Es gibt jedoch Ausnahmen im Verhältnis mit verschiedenen Einwohnern, indem man sich sogar gegenseitig einlädt. Es ist selten eine Straße zu finden, in der so wenig der Wohl der Nachbarn beachtet wird wie in dieser Straße, die man wirklich als eine Straße ohne soziale Kompetenz bezeichnen kann.

Große Teile der Nachbarn glauben, sie seien einzigartig und haben es nicht nötig mit ihren Nachbarn zu kommunizieren. Selbst die neu Zugezogenen halten sich sehr sparsam mit Beziehungen unter Nachbarn, da sie anscheinend keinen Bezug zu dem Ort haben. Nachbarschaft im Sinne von Kommunikation ist in dieser Straße bis auf wenige Ausnahmen nicht vorhanden. Sie ist vergleichbar mit der Anonymität in Hochhäusern in großen Städten, dabei sind die meisten der Häuser Einfamilienhäuser oder Villen.

3.6 Kaum Nachbarschaft

Wenn man von Nachbarschaft redet, spricht man auch von gegenseitiger Hilfe, gegenseitigen Besuchen, gemeinsamen Feiern oder zumindest Teilhabe an erfreulichen und unerfreulichen Begebenheiten der Nachbarn. In dieser Straße ist zum größten Teil keine Kommunikation vorhanden. Es ist selten eine Straße mit so wenig Nachbarschaft zu finden wie in dieser Straße ohne Seele. Weder Hochzeiten noch sonstige Feiern noch Todesfälle werden der Nachbarschaft mitgeteilt. Kaum ein Nachbar kennt den anderen Nachbarn, ausgenommen ein paar wenige. Dies machte Felix sehr oft Probleme, da er es aufgrund seiner Herkunft anders gewöhnt ist.

3.7 Jeder für sich

Wenn man neu in diese Straße kommt, hat man das Gefühl, dass jeder sein Haus mehr oder weniger zu einer Burg aufgebaut und sich dahinter verschanzt hat. Kaum ein „Guten Morgen" und schon gar nicht mehr Kommunikation, selbst wenn Kinder vorhanden sind. Sehr oft wirklich zu vergleichen mit der Anonymität der großen Vorstädte, wo manchmal Leute sterben und dies jahrelang unbemerkt bleibt. Soweit ist in diese Straße noch nicht, jedoch die Tendenz lässt dies erahnen.

3.8 My home is my castle

Für die meisten Hausbesitzer ist das Motto „My home is my Castle" und so benehmen sie sich. Es wird gebaut oder umgebaut, ohne die jeweiligen Nachbarn zu benachrichtigen über die Unannehmlichkeiten. Jeder ist mit sich selbst beschäftigt, auch wenn ein Teil der Bewohner der Straße Rentner sind. Es wird keine Feier organisiert, bei Todesfällen werden nicht einmal die Nachbarn benachrichtigt. Insoweit ist diese Straße nach dem Prinzip „My home is my castle" strukturiert.

Dies fördert in einer ungemeinen Verbreitung von Einsamkeit, dies wiederum ein verschlossenes Verhalten eines Teils der Einwohner. Freundlichkeit, Zuvorkommenheit, Hilfsbereitschaft, Respekt gegenüber den anderen gehen allmählich verloren. Respekt gegenüber der älteren Generation geht aber auch verloren. Für Felix wird es mit zunehmendem Alter unerträglich, wenn er über die anderen Leute nachdenkt.

3.9 Mein Nachbar ist "mein geborener Feind"

Ein besonderes Merkmal diese Straße ist jedoch auch, dass viele Einwohner nach dem Prinzip leben, dass der Nachbar der größte Feind ist.

Felix selbst hat am eigenen Leib gespürt, wie manche Nachbarn sich ihm gegenüber verhalten. Insbesondere einer der Nachbarn, die das Haus der Nazi-Nachkommen bewohnten, haben sich dadurch gekennzeichnet, schlicht Intrigen hinter dem Rücken von Felix zu spinnen, um ihn in der Straße unmöglich zu machen.

Man kann kaum glauben, was ihm durch diese Nachbarn zugefügt worden ist. Er wurde verklagt, weil angeblich eine Hecke, die an der Grenze steht, sich durch den Wind bog und ihre Spitze auf das Grundstück des Nachbarn ragte. Während des Gerichtsverfahrens hat sich jedoch herausgestellt, dass der Kläger seine Garage mindestens 50 cm auf dem Grundstück von Felix gebaut hatte. Seitdem hat Felix mit dieser gesamten Familie inklusive Tochter und Schwiegersohn auf Dauer abgebrochen. Das hat den Vater und die Mutter, die als größte Intriganten der Straße gelten, nicht gehindert, andere Nachbarn auf Felix zu hetzen.

Einer dieser indirekten Nachbarn hat anonym falsche Anschuldigungen an das Bauamt gerichtet, wodurch wiederum Felix sich gegenüber den Prüfern des Bauamtes rechtfertigen musste. Die anonyme Anzeige und die gesamte Beschuldigung dieses rassistischen Nachbarn wurde selbstverständlich fallengelassen, was nicht verhinderte dass dieser Rassist - ohne seinen Namen zu nennen, dafür war er ja ein zu großer Feigling - die Helfer von Felix gegen Felix aufhetzte mit der Aufforderung, doch nicht bei einem Ausländer zu arbeiten.

Ein drittes Erlebnis hatte Felix, als er ein drittes Haus in der Straße erworben hatte, welches eine Nachbarin gern gekauft hätte, dies jedoch mangels Finanzierung nicht geschafft hatte. Diese Nachbarin (im übrigens ein Gutmensch: Religionslehrerin) forderte von Felix, einen morschen Kirschbaum in der Mitte seines Grundstücks stehen zu lassen. Nachdem Felix diesen Baum entfernt hatte, da ja Gefahr von diesem ausging, hatte sie ihn daran gehindert, eine vernünftige Grenzbefestigung anzulegen und wollte mitbestimmen über die Gestaltung des Zaunes.

In einem anderen Haus hat der Nachbar, ein Pseudojurist aus Frankfurt stets versucht, seine angebliche juristische Überlegenheit zu Lasten von Felix auszunutzen.

In übrigen ist Felix nicht allein Opfer des Verhaltens von manchen Nachbarn, vielmehr leiden auch andere Nachbarn unter den sogenannten Neureichen bzw. unter dem sogenannten geistigen Proletariat.

Es sind kaum Kinder vorhanden und die wenigen spielen kaum mit anderen Nachbarskindern, da die Eltern das nicht möchten, egal ob es die alt eingesessenen oder die neu zugezogenen Einwohner der Straße sind.

3.10 Straße ohne Seele - ein Abbild der deutschen Gesellschaft?

Ist diese Straße ohne Seele ein Abbild des heutigen Deutschlands? Diese Frage beschäftigt Felix sehr stark und er glaubt fast, dass was er in dieser Straße erlebt, in vielen anderen Städten mit gehobenem Lebensstandard die Regel ist.

Man soll sich vergegenwärtigen, dass die meisten dieser Straßenbewohner zum gehobenen Mittelstand gehören und eine gewisse Bildung haben. Dies trifft zum größten Teil auf die Bewohner der Straße zu, mit wenigen Ausnahmen, die zum Proletariat gehören. Insoweit ist für Felix diese Straße de facto das Abbild der Verfallssymptome der deutschen Gesellschaft.

3.11 Die Straße der Einsamkeit

Felix beklagt stark die Einsamkeit, die in dieser Straße herrscht. Nicht nur dass die Bewohner sich nicht über das Wohlergehen ihrer Nachbarn erkundigen, vielmehr ignorieren sie diese zum größten Teil. Ein Beispiel: in der Straße wohnte eine verwitwete alte Dame, sie war vermögend und ihr Mann hatte gut für sie vorgesorgt. Im Alter wurde sie langsam gebrechlich, ihre Nachbarn nutzen die Gebrechlichkeit der alten alleinlebenden

Dame aus. Nicht nur dass sie die auf das Grundstück der Nachbarin überragenden Äste ihrer Bäume nicht gekürzt haben, sie haben sogar herabfallendes Laub auf deren Grundstück geräumt. Dabei hatte sie ihnen in früheren Jahren stets geholfen. Mit der zunehmenden Demenz ihrer Nachbarin haben sie nichts aber auch nichts getan, um sie zu unterstützen oder für eine gewisse Unterstützung seitens der Stadt zu sorgen. Sie haben ihr nicht einmal Wasser besorgt. Und es ist gekommen wie es kommen musste, die Frau war halbangezogen auf der Straße und sie redete wirres Zeug. Sie haben auch nicht die Ämter angerufen und benachrichtigt und schon gar nicht die Tochter der Frau, die 20 km von dem Wohnort wohnte. Die Tochter war ein missratenes Kind, die nur darauf gewartet hat, dass die Mutter starb um sich das große Erbe einzuverleiben. Kein anderer Nachbar außer dem direkten Gegenüber oder auch Felix hat sich die Mühe gemacht, der alten Frau hin und wieder mal zu helfen.

Dies zeigte aber wie es um die Art der Nachbarschaft in dieser Straße bestellt ist. Und dies ist nicht das einzige Beispiel, mindestens eine weitere älteren Witwe ereilte das gleiche Schicksal. Dies zeigt Felix, dass die Nachbarschaft in dieser Straße äußerst problematisch ist.

3.12 Eine belastete Straße

Diese Straße ist auch historisch belastet, da mehrere Nazigrößen hier wohnten oder ein Liebesrefugium hatten. Auch nach dem Krieg lebten noch Juristen in der Straße, die 1942 zum Richter ernannt wurden. Ihr Verhalten und ihre Überzeugung haben sie beibehalten. Es gab aber auch mindestens einen früheren Bewohner, der sich als einer der wenigen gegen die Ermächtigungsgesetze Hitlers zur Wehr gesetzt hatte und letztendlich in einem KZ landete, nach dem Krieg befreit wurde und kurz danach starb. Der Nachbar, der ihn damals verpfiffen hat, hat noch lange nach dem Krieg in Wohlstand und mit hoher Pension hier gelebt. Am Ende der Straße gab es ein sehr schönes Haus der Belle Époque, das vor 1933 einer reichen jüdischen

Familie gehörte, die enteignet wurde und deren Haus an eine Nazigröße übertragen wurde. Seit 70 Jahren streiten die Erben der jüdischen Familie mit dem jetzigen Besitzer um die Rückgabe des Hauses.

3.13 Eine Straße von Gutmenschen

Von den 60 Familien, die in der Straße wohnen, sind nach Meinung von Felix über die Hälfte als Gutmenschen zu bezeichnen. Sie haben sehr oft einen gewissen wirtschaftlichen Aufstieg erlangt, über das Zustandekommen wollte sich Felix nicht äußern, jedenfalls meinten sie, dass an ihrem Wesen die Welt genesen soll. Felix konnte sie nicht ertragen und außer Höflichkeitsfloskeln hat er mit denen kaum eine Kommunikation gepflegt. Diese Gut-menschen versuchen jedoch eine Art von Mainstream in der Straße zu etablieren, was wiederum bei einigen Anwohnern heftige Widerstände hervorgerufen hat.

Diese Gutmenschen und sogenannte Neureiche zeigen ein soziales Verhalten, das keinerlei Rücksicht auf Nachbarn oder andere Menschen nimmt. Insoweit sind ihre sozialen Kompetenzen gleich null. Arrogant und sehr oft engstirnig und schmalspurig haben sie sich in der Straße sehr viele Alteingesessene zu Feinden gemacht.

3.14 Eine Straße von Pharisäern?

In dieser Straße leben auch viele Pharisäer, die jeden Sonntag zur Kirche gehen und sogar in kirchlichen Organisationen arbeiten und zu ihren Nachbarn die größten Teufel sind. Felix erinnert sich besonders an einen Nachbarn, der in einer kirchlichen Organisation arbeitet. Die Verlogenheit und Falschheit sieht man ihm direkt an. Und so hat er sich gegenüber Felix und anderen Nachbarn verhalten, nicht nur dass er die Leute gegenüber der Stadtverwaltung verleumdete, auch dass er versuchte die Nutzungsmöglichkeiten der Nachbargrundstücke zu verändern oder sonstige Ärgernisse zu bereiten. Zudem hat er immer wieder Intrigen gegenüber alt eingesessenen und älteren Straßen

Bewohnern gesponnen. Dieser Nachbar ist verhasst bei allen anderen, denn sie trauen ihm alles zu und unter dem Mantel von kirchlicher Hilfe und Anstand hat er seine „kleinen Geschäfte „gemacht zulasten großer Teile der Einwohner der Straße.

3.15 Arroganz, Dummheit, und Rassismus

Felix hat es jedoch in dieser Straße auch sehr oft mit Arroganz, Dummheit und Rassismus zu tun gehabt. Die Arroganz zeichnet sich dadurch aus, dass alle und insbesondere die neu Zugezogenen im Glauben sind, dass sie die besseren Bewohner der Straße wären, ohne zu wissen wer bereits in dieser Straße wohnt. Insbesondere diejenigen, die in ihren finanziellen und sozialen Aufstieg nicht gerade auf ehrliche Weise erlangt haben, sind die arrogantesten, dümmsten und sehr oft rassistisch angehaucht. In der Straße leben maximal vier Einwohner, die ausländische Wurzeln hatten. Ein Teil dieser neuen Bevölkerung hat denjenigen stets zu verstehen gegeben, dass sie Deutsche zweiter Klasse sind; sei es dass man sich über ihre Religion lustig gemacht hat, oder dass man ihnen abgesprochen hat eine europäische Kultur zu haben, oder dass sie unfähig wären, den sozialen Aufstieg zu bewältigen.

Sehr oft war es für Felix eine Zumutung, solchen Leuten zu begegnen. Die waren zwar nach außen freundlich, aber falsch bis auf die Knochen. Ihre Unwissenheit über andere Länder, in denen sie lediglich vier Wochen Urlaub gemacht haben – sei es in Spanien dass selbstverständlich als 17. deutsches Bundesland gilt oder in der Türkei, wo man für wenig Geld alles haben kann oder in Italien, weil man ja schon lange italienische Lokale im Ort kennt und vor allem ihre Kommentare über die Länder, in denen angeblich Armut vorherrscht, bringen Felix jedes Mal auf die Palme. Nicht nur dass sie mit den Reisen den anderen Ländern schweren Schaden zufügen, sie erlauben sich zusätzlich plumpe Urteile über die Länder abzugeben, deren Kultur und schon gar nicht deren Geschichte sie nicht kennen.

3.16 Eine typische Wohnstraße?

Wenn Felix sich mit verschiedenen Leuten über diese Straße unterhalten hat, erhielt der stets die Antwort: diese Straße könnte auch unsere Straße sein. Dies hat Felix äußerst irritiert, denn er wollte nicht glauben, dass die deutsche Gesellschaft geklont wäre. Er wollte auch nicht glauben, dass die deutsche Gesellschaft so wenig Mitgefühl für ihre Mitmenschen hatte. Er wollte nicht glauben, dass sie deutsche Gesellschaft so borniert, dumm, einfältig und rassistisch ist wie in dieser Straße. Zudem waren ja in der Straße einige wenige Leuchttürme, auf die Deutschland sehr stolz sein kann. Diese Leuchttürme waren sogar für deutsche Verhältnisse in großen Familien und sie waren gegenüber ihren Mitmenschen sehr sozial ausgerichtet.

3.17 Handy und Tablett beherrschen die Kommunikation

Wenn Felix auf die Straße ging und ausnahmsweise viele Leute auf der Straße unterwegs waren, so war er oft schockiert, dass Jugend und Alter nicht gerade auf ihre Mitmenschen sahen, sondern entweder ins Handy und ihr Tablet, so dass sie sich manchmal gegenseitig anstießen. Felix war alarmiert zu sehen, wie ein Teil der Bevölkerung der Straße quasi zum Roboter geworden ist, und dass ihre Augen und Konzentration nur noch auf diese kleinen Bildschirme festgelegt waren und dass sie weder ihre Mitmenschen hören noch sehen. Die erste Frage die Felix in den Kopf schoss: ist das schon die Gesellschaft von morgen und werden diese Leute eine Schafherde von amerikanischen sozialen Netzen? Ist die Verpackung wichtiger als der Mensch? Werden diese Leute zu einer Art von Zombies?

Erschreckend ist für Felix, wie schnell diese Zombies sich vermehren und wie schnell der Verstand abhanden-gekommen ist und wie leichtsinnig die Eltern, die Gesellschaft, die Politik dies zulassen, sodass Kinder und Erwachsene dieser Art von Sucht immer mehr verfallen.

3.18 Die Kinder spielen nur im eigenen Garten

Die Kinder in der Straße - und nach Felix Einschätzung dürften es ca. 30 sein - sind nie oder äußerst selten auf der Straße. Diejenigen, die auf der Straße spielen, gehörten zu den wenigen Ausnahme-Familien oder zu Eltern mit ausländischen Wurzeln. Es ist erstaunlich, dass weder Schreien noch Lachen der Kinder zu hören sind. Dass ein paar ältere Bewohner sich beschweren würden wäre ja fast normal, aber dass es kein Kinderspiel und Kinderlachen auf der Straße gibt, die immerhin eine äußerst ruhige Straße ist, war für Felix mehr als erstaunlich und zeigt ihm wie groß ist der Verfall der deutschen Gesellschaft ist.

3.19 Bewohner ohne Gefühle?

Felix war erstaunt, dass in der Straße von den Bewohnern kaum Gefühle gezeigt werden, weder Lachen noch Weinen, weder Schreien noch Reden, es ist als ob die Straße eine Tabuzone für jegliche Kommunikation zwischen den Menschen geworden ist. Es ist erstaunlich, dass vor allem die neu Zugezogenen darauf bedacht sind, sich kaum kommunikativ bzw. nur kurz kommunikativ zu verhalten, ohne jegliche Gefühle zu zeigen. Felix dachte nach, ob das nicht Ausdruck der gefühlten Gefahr wäre, irgendeine Schwäche zu zeigen die dann ausgenutzt würde. Diese Gefühlskälte bzw. gezeigte Masken sind auf Dauer für den größten Teil der Bewohner unerträglich.

3.20 Den Schein bewahren ist die höchste Pflicht?

Felix, der immerhin seit ca. 40 Jahre in der Straße wohnt, ist der festen Überzeugung, dass in dieser oder ähnlichen Straßen für die Neureichen oder Gutmenschen der Schein wichtiger ist als das Sein. Insoweit tragen sie alle eine Art von Maske und zeigen keine Gefühle oder Probleme (die es in jeder Familie geben kann), bis auf wenige Ausnahmen. Immerhin zeigen die „Leuchttürme" oder diejenigen mit ausländischem Hintergrund ihre Gefühle, ihre Wut, ihren Ärger, ihre Freude. Beim restlichen Teil der

Bevölkerung müsste man glauben, dass er eine Art von Zombie wäre.

3.21 Leere Hülsen

Felix hat das Gefühl, dass die Menschen in der letzten Zeit aneinander vorbeigehen als ob sie leere Hülsen wären. Wenn ausnahmsweise eine Diskussion oder eine Kommunikation zustande kommt und man über Themen redet, die nicht das Übliche waren, so musste Felix sehr oft feststellen wie einseitig und schmalspurig die Bewohner der Straße und vor allem wie stark sie von der verzerrten Kommunikation der öffentlichen Medien geprägt sind. Es sind sehr oft Antworten wie „die da oben die werden schon für uns sorgen". Wenn er dies von Vertretern des mittleren Managements oder Angehörigen von großen Konzernen hörte, so wurde Felix angst und bange um die Konzerne selber. Politischer Diskurs, Haltung, Überzeugung sind in dieser Straße bis auf wenige Ausnahmen nicht vorhanden. Für Felix drängt sich das Bild auf, dass die Informationsmanipulation und die Verabreichung von Valium-Pillen durch Politik, Verwaltung und Industrie ihre Ziele nicht verfehlt haben. Insoweit ist festzuhalten, dass Teile der Bevölkerung sich häufig als leere Hülsen präsentieren.

4. „Was schert uns das Wohl unserer Nachbarn?"

Felix beobachtet sehr intensiv politische und gesellschaftliche Strömungen und sieht seit dem Aufstieg von Angela Merkel einen Zeitgeist, den sie wie kaum jemand verkörpert: Egoismus, Egoismus, noch mal Egoismus. Insoweit prägte sie eine Generation nach dem Prinzip „Was schert mich das Wohl des Nachbarn, wenn ich nur meine Ziele erreichen kann. Und warum soll ich meine Früchte mit meinen Nachbarn teilen oder vielmehr wie kann ich zulasten meines Nachbarn leben." Diese Verhaltensweisen haben stets kurze Beine und werden auf kurz oder auf lang in einer Katastrophe enden, dies ist die feste Überzeugung von Felix. Das Prinzip „Leben und Sterben lassen" ist nur kurzfristig gedacht, denn wenn man stets zulasten anderer lebt und dem Rest der Gemeinschaft nur das Sterben lassen bleibt, so hat dies für das gesamte Gemeinwesen einen erheblichen Preis.

5. Einsamkeit als Prinzip der modernen Zeit

5.1 Vorbemerkung

Angesichts der Bedeutung dieses Themas wird es an dieser Stelle etwas ausführlicher behandelt.

Mit Einsamkeit bezeichnet man die Empfindung, von anderen Menschen getrennt und abgeschnitten zu sein. Oft wird sie mit der negativen Normabweichung oder einem Mangel verbunden. Mitunter werden damit auch positive Aspekte in Zusammenhang gebracht, beispielsweise Gedanken zu ordnen oder Kreativität zu entwickeln. In der Sozialpsychologie wird Einsamkeit als Synonym für soziale Isolation verwendet. In begrifflicher Hinsicht muss aber berücksichtigt werden, dass mit Einsam Sein nicht nur physisches Alleinsein, sondern auch psychisches Alleinsein gemeint sein kann, wenn keine echte Kommunikation mit der Umgebung stattfindet.

Für manche Psychologen stellen Einsamkeitsgefühle die Vorstufe für Depressionen dar, was mit negativen Bewältigungsstrategien wie Alkoholismus und dem Einnehmen von Psychopharmaka verbunden sein kann. In der Altersmedizin werden derzeit die Zustände um die sozialen Beziehungen eines Patienten erfragt, weil es bisher keinen eindeutig nachweisbaren Zusammenhang zwischen Einsamkeit und einzelnen Krankheitsverläufen gibt. Dabei spielen deren Kenntnisse eine entschiedene Rolle bei der Bewältigung von Alzheimer oder Demenz. Wenn dort eine Beziehung zu Einsamkeit herrschen sollte, ist ihre Art bisher noch nicht eindeutig vermittelt worden. Weitere Erkenntnisse sind dringend notwendig.

5.2 Einsamkeit: Millionen sind krank

Einsamkeit macht Menschen nach psychologischen Erkenntnissen krank. Laut Schätzungen sind in England zurzeit über 9 Millionen Menschen krank, wobei diese Krankheiten nicht organisch, sondern seelisch bedingt sind. Diese Krankheiten werden in zwei Formen unterschieden:

1. Die emotionale Einsamkeit zeigt sich, wenn ein enger Vertrauter fehlt, jemand, mit dem man sich eng verbunden fühlt.

2. Die soziale Einsamkeit weist darauf hin, dass es grundsätzlich an sozialen Beziehungen zu Freunden, Nachbarn oder Kollegen mangelt.

Verwitwete Menschen erleben häufiger als verheiratete emotionale, aber seltener soziale Einsamkeit. Insgesamt fühlen sich zwei Prozent der Deutschen häufig einsam, weitere 16 Prozent erleben gelegentliche Einsamkeit und andere Befragungen weisen sogar darauf hin, dass jüngere Menschen sich eher allein fühlen als ältere. In einer Umfrage des Deutschen Studentenwerks gaben vier Prozent der Studierenden an, so große Kontaktschwierigkeiten zu haben, dass sie sich Hilfe wünschen. Weitere elf Prozent verspüren depressive Verstimmungen, die oft auf das Gefühl von Einsamkeit zurückgehen. Eine Konsequenz könnte sein, dass gerade die Angst vor Einsamkeit viele Abiturienten daran hindert, die vertraute Umgebung für ein Studium zu verlassen.

In England wurde ein Ministerium für die Belange der Einsamkeit gegründet. Es wurde nicht grundlos eingerichtet, sondern weil die Ergebnisse im Hinblick auf die Krankheiten mit psycho-somatischem Hintergrund ihren Niederschlag in organischen Krankheiten fanden. Es ist festgestellt worden, dass fast fünf von den neun Millionen Kranken letztlich kardiovaskuläre Krankheiten erlitten, die auf soziale oder emotionale Einsamkeit zurück-zuführen sind. Dieses Ministerium wurde mit kompetenten sozialen, psychologischen und medizinischen Fachleuten ausgestattet und organisiert Schulungen sowie Treffen von einsamen Personen, besonders am Wochenende, um deren soziale Kontakte zu fördern. Dies gilt nicht nur für Einzelpersonen, sondern besonders für Alleinerziehende, damit *deren Kinder normale Beziehungen eingehen lernen. Kinder, die emotional und sozial gelitten haben, sind später als Erwachsene kaum in der Lage, lange dauernde Beziehungen zu führen.*

Eine zusätzliche Erkenntnis war, dass ein Teil der Menschen, die an Einsamkeit gelitten haben, eher an kriminellen Aktivitäten teilnimmt als diejenigen, die über gesunde soziale Beziehungen verfügten. Als weiteres konkretes Ergebnis gab es, dass die physische Gesundheit bei einsamen Menschen, insbesondere bei emotionaler Einsamkeit, stärker beeinträchtigt war. Vor allem war sie mit gravierenden körperlichen Krankheiten verbunden (Magenkrebs, Lungenkrebs und Selbstmordgefährdung). Bei der sozialen Einsamkeit sind andere Krankheits-bilder vorherrschend, die die Bewegung, Körperpflege (nicht nur in hygienischer Hinsicht) sowie kardiovaskuläre Krankheiten betreffen.

5.3 Zahlen und Fakten

Mehr Singlehaushalte, weniger Kinder, eine immer ältere Gesellschaft: Wissenschaftler in Deutschland warnen vor Einsamkeitsepidemien. Insbesondere Professor Doktor Manfred Spitzer zeichnet sich durch seine Forschungen in dieser Beziehung aus. In Deutschland ist die soziale Isolation gefährlicher als Übergewicht. Paradox ist, dass, obwohl die Menschen heute stärker als je zuvor vernetzt sind, sie von chronischer Einsamkeit bedroht sind. In den USA fühlen sich 42 Millionen Menschen sehr einsam. Erkenntnisse aus Studien zeigen, dass sozial Vernetzte länger leben. Es wurde sogar ermittelt, dass eine gute Einbettung in soziale Netze (reale, nicht virtuelle) das Sterberisiko um 50 Prozent reduziert. Die Gesundheitsgefahr baut sich auf, wenn Einsamkeit zum Dauerzustand wird. Denn wer einsam ist, schläft schlechter, denkt langsamer und hat einen schwächeren Kreislauf und somit ein schwächeres Immun-system. Dies ist zwar noch nicht abschließend bewiesen, es zeigen sich aber starke Korrelationen. Es scheint eine Mischung aus psychisch belastenden Faktoren und der Abwesenheit eines sozialen Netzwerkes zu sein, die zulasten der Gesundheit geht. Die Abschiebung alter Leute in Heime ist eine nach Ansicht von mehreren Forschern tödliche Vorgehensweise.

Einsamkeit ist eine größere Gefahr als Rauchen. Dies zeigte sich in 148 Studien in vier Erdteilen. Nach Annegret Wolf von der Universität Halle ist Einsamkeit etwas, was wir subjektiv empfinden: „Der Mangel an sozialen Kontakten, an emotionalen Bindungen, selbst wenn wir von anderen Menschen umgeben sind, in der Großstadt oder auf der Arbeit. Das Alleinsein hingegen ist ein Zustand in dem wir objektiv nicht von anderen umgeben sind und auch keine Kommunikation stattfindet. Denn erst das Gefühl der Einsamkeit, das dauerhaft ist, wird zur Belastung und auch gefährlich. Denn dann steht unser Körper unter Stress und reagiert darauf. Unser Immunsystem fährt runter, Entzündungswerte steigen an, wir sind schneller bereit, zu Zigaretten oder zu anderen Drogen zu greifen. Viele betäuben ihren Kummer mit Süßigkeiten oder bewegen sich weniger. In der Folge sind sie übergewichtig und haben Herz- und Kreislaufkrankheiten. Nahezu genauso wichtig wie Essen und Trinken ist das Bedürfnis nach Nähe und sozialen Beziehungen, das ein menschliches Grundbedürfnis ist, wie Essen, Trinken und Schlafen. Es überrascht eigentlich nicht, dass soziale Abweisungen dasselbe Hirnareal ansprechen wie Schmerz."

Wer also dauerhaft unter Einsamkeit leidet, steht chronisch unter Stress und trägt nach Ansichten deutscher Psychologen ein 26 Prozent höheres Risiko, eher zu sterben. Dass sich besonders Menschen ab 65 einsam fühlen, mag nicht überraschen. Doch auch zwischen 30 und 34 gibt es einen Einsamkeitsboom. Eine mögliche Erklärung dafür ist, dass wir uns in dieser Zeit in der Rushhour unseres Lebens befinden. Denn Kinder, Karriere und Hausbau lassen zu wenig Zeit, Freundschaften zu pflegen oder man hat den Partner fürs Leben noch nicht gefunden. Bei uns in Deutschland geben etwa 20 Prozent der erwachsenen Bevölkerung an, sich dauerhaft einsam zu fühlen. In den letzten

30 Jahren ist diese Zahl ständig gestiegen. Aber nicht jeder ist gefährdet.

Besonders junge Männer, die keine Partnerin haben und arbeitslos sind, klagen laut Wolf über Einsamkeit. Das liegt daran, dass sie im Gegensatz zu Frauen eine Partnerschaft stärker über Materielles definieren. Wenn sie die materielle Grundlage aufgrund ihrer Jugend noch nicht schaffen konnten, finden sie oft zunächst keine Partnerin, auch wegen ihrer eigenen Vorstellung des Mannes als Versorgers. Es liegt aber auch in der Persönlichkeit: Bestimmte Persönlichkeiten neigen dazu, Einsamkeit stärker zu empfinden: Menschen mit einer negativen Lebenshaltung, introvertierte Menschen und Menschen mit wenig Einfühlungsvermögen fühlen sich eher einsam.

Einsamkeit ist ansteckend. Wer als Kind keine sichere Bindung zu seinen Eltern aufbauen konnte, ist oft ein Leben lang nicht selbstsicher genug und fühlt sich gegenüber anderen Menschen hilflos und ausgeliefert. **Wer sich dauerhaft mit Einsamen umgibt, läuft Gefahr, sich anzustecken.**

Um der Einsamkeit zu entfliehen empfiehlt der amerikanische Psychologe John Cacioppo folgende Punkte:

1. *Den Aktionsradius erweitern. In kleinen Schritten wieder auf Menschen zugehen. Einfache Gespräche am Gartenzaun, ein Lächeln an der Supermarktkasse, positive Reaktionen spüren und daraus Mut schöpfen.*

2. *Aktiv werden. Sich einen Verein, ein Ehrenamt suchen und erleben, dass man gebraucht wird.*

3. *Selektion der Kontakte. Lieber wenige und dafür wichtige Kontakte intensiv pflegen und etwas investieren.*

4. *Das Beste erwarten. Positiv denken, Hoffnung haben, Wertschätzung zu erleben.*

Laut Spitzer leben in Deutschland 17 Millionen Menschen in Single-Haushalten. Die Nahrungsmittel-industrie, die Immobilienwirtschaft und die Tourismusbranche haben ihre Angebote längst darauf ausgerichtet. Doch sie bedenken nicht, was dies langfristig für jeden Einzelnen und auch für die Gemeinschaft bedeutet. Spitzer zufolge hat dieser Zugewinn an Selbstbestimmung und Unabhängigkeit auch eine dunkle Seite: Die Einsamkeit. Sie ist nicht nur ein Wirtschaftsfaktor, sie hält mittlerweile auch Einzug in unsere Seelen. Daher fordert er, diese nicht mehr als Nebensache abzutun und stattdessen konkrete Maßnahmen in der Gesundheitspolitik zu ergreifen, damit diese Krankheit nicht zur Nummer Eins der Krankheiten in Deutschland wird.

5.4 Beauftragter für Einsamkeit

In Deutschland wurde wegen der Erkenntnisse bekannter Psychologen, u. A. von Professor Spitzer, ein Bundes-Beauftragter für Einsamkeit nach dem Vorbild des britischen Ministeriums gefordert, zum Beispiel von Marcus Weinberg von der CDU und Karl Lauterbach von der SPD. Bis heute ist jedoch keiner ernannt worden. Dabei sind die kardiovaskulären Krankheiten und die Suchtkrankheiten in Deutschland in den letzten Jahren ständig stark angestiegen. Die öffentliche Meinung nimmt dieses Problem aber nicht ernst, dabei sind immerhin fast 20 Millionen Deutsche betroffen. Die finanziellen Konsequenzen für die Krankenkasse liegen in zweistelliger Milliardenhöhe (für kardiovaskuläre und psychosomatische Krankheiten gleichermaßen).

Der Autor wird diese Thematik in seinem Werk über die Gesundheit noch ausführlicher behandeln.

5.5 Alt werden und einsam in dieser Gesellschaft? Nein Danke!

Für Felix, der stets ein kritischer Begleiter der deutschen Gesellschaft war und ist, sind diese Entwicklungen unerträglich.

Die Idee, dass ältere Leute immer häufiger in ein Wohnheim verfrachtet werden, ist für ihn ein unerträglicher Gedanke. Dass diese älteren Menschen ihre Selbstbestimmung und damit ihre Würde teilweise abgeben, stellt die größte Verletzung des Selbstbestimmungsrechts des Menschen da. Die Entschuldigung, dass man ansonsten den Massen an älteren Leuten die benötigte Hilfe nicht zukommen lassen kann, lässt Felix nicht gelten, denn die junge Generation erbt die Früchte der älteren Generation. Insoweit ist das auch eine Verpflichtung, die ältere Generation zu pflegen bis das Ende kommt.

Auf die Frage ob Felix in dieser Gesellschaft alt und einsam werden will, hat er nur eine einzige Antwort: Nein danke. Es darf nicht vergessen werden, dass das größte seelische Problem der älteren Generation in Heimen die Einsamkeit ist. Einsamkeit ist eine der wesentlichen Krankheiten für die ältere Gesellschaft wie es nun mal Deutschland ist. Daher ist es nach Felix Meinung äußerst wichtig, das Altwerden und die Pflege der Eltern von Grund auf neu zu organisieren.

6. Epilog

Der Autor hat Felix gekannt und hat ihn gebeten, seine Straße zu beschreiben. Der Autor hatte nicht geglaubt, dass diese Straße beispielhaft für einen großen Teil der Wohnstraßen in Deutschland ist. Er hat auch nicht geglaubt, dass diese Straße de facto ein Spiegelbild der deutschen Gesellschaft ist.

Hinter den schönen Fassaden verbergen sich Einsamkeit, Gefühlslosigkeit, Egoismus und Arroganz, Dummheit und Ignoranz, Rassismus und Fremdenfeindlichkeit.

Glücklich sind die Bewohner der Straße nicht und ein Zusammenleben findet praktisch nicht statt.

Es könnte aber auch anders sein, wenn die Bewohner sich auf ihre Werte besinnen. Es ist daher wünschenswert, dass endlich ein Teil der Gesellschaft aufsteht und diese Art des Zusammenlebens infragestellt.

Zeitfracht Medien GmbH
Ferdinand-Jühlke-Straße 7
99095 Erfurt, Deutschland
produktsicherheit@kolibri360.de